OSTRICH

PIGEON

PELICAN

BIRDS

MACAW

BIRDS

PARROT

CROW

BIRDS

SWAN

BIRDS

HOOPOE

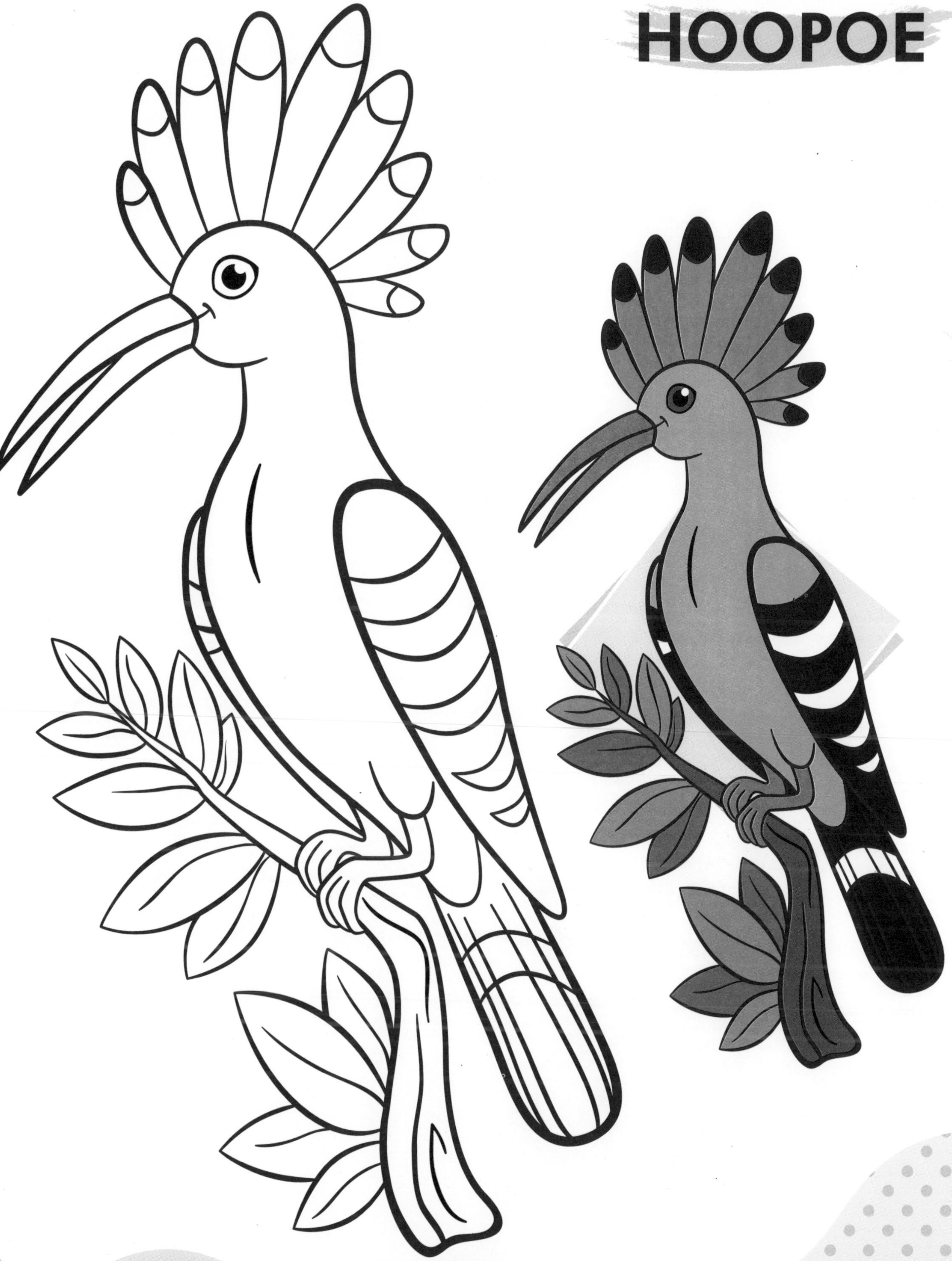

KINGFISHER

BIRDS

PENGUIN

SPARROW

BIRDS

FLAMINGO

HONEYBEE

BUTTERFLY

INSECTS

ANT

LADYBIRD

20

INSECTS

DRAGONFLY

INSECTS

21

GRASSHOPPER

INSECTS

CATERPILLAR

INSECTS

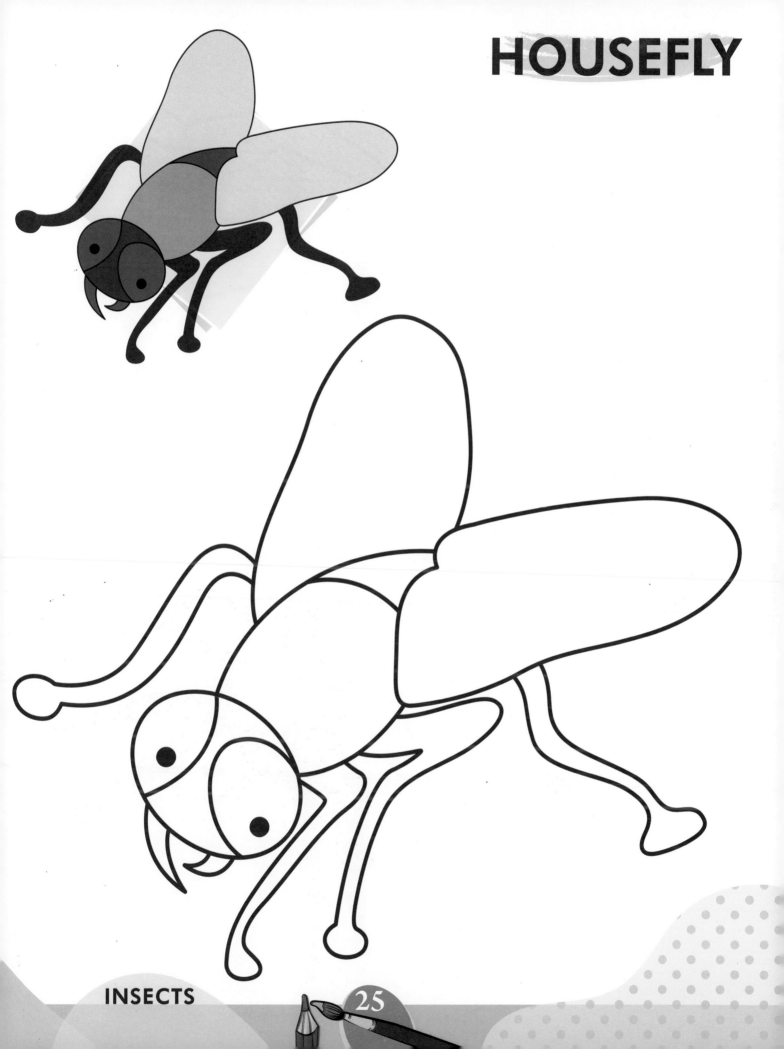

SPIDER

EARWIG

FIREFLY

INSECTS

MOSQUITO

INSECTS

CRITICAL: CRICKET

COCKROACH

INSECTS